예수님 안에서

우리가 서로 사랑하자

Sola Jesus (쏠라 지저스): 오직 예수

Sola fide (쏠라 피데): 오직믿음

Sola scriptura (쏠라 스크립튜라): 오직성경

Sola gratia (쏠라 그라티아): 오직은혜

〈소개 글〉

■ ■ ■

'믿음이 연약한 자를 너희가 받되 그의 의견을 비판하지 말라. 어떤 사람은 모든 것을 먹을 만한 믿음이 있고, 믿음이 연약한 자는 채소만 먹느니라. 먹는 자는 먹지 않는 자를 업신여기지 말고, 먹지 않는 자는 먹는 자를 비판하지 말라. 이는 하나님이 그를 받으셨음이라. 남의 하인을 비판하는 너는 누구냐 그가 서 있는 것이나 넘어지는 것이 자기 주인(하나님)에게 있으매~(롬 14:1~4)'

하나님을 본 적이 없고, 신앙생활도 오래 하지 못해서 예수님에 대해 잘 모르는데 "예수님을 믿느냐"는 질문을 받을 때가 있습니다. 어떻게 대답해야 할까를 고민하는데 성경의 로마서에 '질문을 들은 사람의 입장'을 대신해서 하나님이 대답해 주시는 구절(채소만 먹는 믿음, 롬 14:1~4)을 볼 수 있습니다.

예수님을 체험한 사람들에게 부탁하시는 말씀인 것 같습니다. 믿음이 '약한'보다 더 신중한? '연약한' 자를 받아들이되, 그의 의견을 비판하지 말라 합니다.

예수님을 잘 모르는 사람은 세상에서 보고 배운 대로 말하고 이해하거나, 교회에서 인도하는 것에 쉽게 손을 내밀지 못하고 주저할 수 있음을 배려해야 합니다.

"이런 목사님한테 은혜 못 받으면 어디서 은혜를 받아?"라든가 "장로 말을 안 들으면 누구 말을 들어?", "교회 다닌 지가 몇 년인데 아직도 몰라?"라는 말을 들으면 일할 때도 잠잘 때도 계속 생각나서 자

■ ■ ■

존감이 떨어집니다. '나는 부족한 사람인가? 예수님을 못 믿는 사람인가?'라고 생각되어, 그 장로님 만날까 봐 교회도 자유롭게 못 가고 교회에서 보면 멀리 피해 가게 됩니다.

교회 다니는 사람은 교회 다니지 않는 사람을 무시하지 말고, 믿음 없는 사람은 믿음 있는 교회 안의 사람을 비판하지 말라 합니다.

우리 모두는 하나님의 사람입니다. 예수님이 십자가에서 피와 물을 쏟으시면서 사람처럼 고통을 당하시고 얻은 자녀들입니다. 믿음이 크든지 작든지 없든지, 사람의 근본 이전에 이미 하나님의 자녀였습니다. 사탄의 계획으로 교회 밖에 있다가 누군가의 인도로 교회를 찾았지만, 다시 돌아온 탕자처럼 하나님 아버지 집을 낯설어 할 수 있습니다.

'예수님 이해하기' 시리즈 《사망도 심판받고 사라집니다》 첫 번째 책에 이어 두 번째 책 《우리가 서로 사랑하자》는 이런 하나님의 사람들이, 예수님이신 여호와 하나님이 '사람을 사랑하셔서 이루어 가시는 이 세상을 조금이라도 이해하고, 예수님 뜻 안에서 그 사랑을 이웃과 나누면서 살다가, 부르실 때 천국으로 갈 수 있기를 희망하는 글입니다.

교회에 등록한 성도를 하나님이 받으셨으니, 그들이 서 있든지 넘어지든지 비판보다는 사랑으로 서로 같이 신앙생활을 하면서 성경을 좀 더 쉽게 이해할 수 있기를 바랍니다.

· 목차

〈예수님 이해하기〉

■ ■ ■

〈기독교인 이해하기〉

■ ■ ■

새벽예배

김연희

새벽예배 드려야 한다.
아직 잠자리엔 피곤이 늘어져 자고 있다.

새벽예배 드리는 것과
그 만큼의 시간을 자고 쉬는 것
어느 쪽에 무게가 더 있을까?
컴컴한 전등위에 저울을 올려 놓는다.

아직 재어보기 전인데
잠이 먼저 들어 앉는다.

'일어나세요'
목젖세운 알람시계
두근거리는 가슴에 안수를 해놓고
총총히 나가면
-너무좋아-

완벽한 내 사랑 예수님이
밤새 잠 안주무시고 기다리시는 곳
하나님의 성전
오늘도 새벽예배 드려야 한다.

예수님 이해하기

1. 포도원 품꾼들의 삶과 맹인의 치료, 십자가 사건은 모두, '내 뜻이니라'(마 20:14)

천국은 마치 품꾼을 얻어 포도원에 들여보내려고
이른 아침에 나간 집주인과 같다고 합니다.
하루에 한 데나리온씩 약속하고
제삼시와 제육시와 제구시에
그리고 제십일시에
장터에서 놀고 있는 사람들을 부릅니다.

저물 때 주인이 그 삯을 주는데
늦게 와서 한 시간을 일한 사람이나
일찍 와서 종일토록 수고한 사람이
시간에 상관없이
똑같이 약속한 한 데나리온씩 받습니다.

삯을 똑같이 지불하는 것에 대해
먼저 온 자들이 집주인을 원망하자
한 데나리온씩의 약속을 했던 것을 말씀하시고
"내 뜻이니라"라고 하십니다.

열두 제자에게
자신이 이스라엘 대제사장들과 서기관들에게 넘겨지고
그들이 또 이방인들에게 넘겨주어
십자가에 못 박게 할 것이나
제삼일에 살아나리라고
제자들에게 말씀하신 부활과

맹인 두 사람을 불쌍히 여겨
그들의 눈을 만져서
볼 수 있도록 하시는 것, 즉 치유도
사람을 사랑하셔서 구원하시려는
예수님의 뜻이라고 하십니다.
하나님의 생각은 사람과
다르지만 결국은
사람을 이롭게 합니다.

2. 예수님 이름으로 기도해야 하는 이유

예수님은 마음에 근심하지 말라 하십니다.
하나님과 자신을 믿으라 하시면서
제자들을 위하여
여호와 하나님이신 아버지 집에
거처를 예비하러 가신다고 합니다.

그리고 다시 오셔서
사람들을 예수님께로 영접하여
예수님 있는 곳에 있게 하리라고 하십니다.
부활하시고 하늘로 올려져 가신 후
다시 오시는 재림 때에
믿는 사람들을 불러
천국으로 인도하신다는 의미입니다.

예수님은 구약의 모세의 법에서 범죄자 되었던 하나님의 사람
들을 불러
죄를 없애 주시고
이들을 영원한 기업의 약속, 즉
신약에서 예수님의 사랑의 법으로 인도하시는
새 언약의 중보자가 되십니다.

"내가 곧 길이요 진리요 생명이니
나로 말미암지 않고는 아버지께로 올 자가 없다(요 14:6)"고 하시는
예수님을 통해서만 하나님을 만날 수 있으므로(중보자)
반드시 예수님 이름으로 기도해야 합니다.

이것은 예수님의 십자가 사건을 믿는 자만이
구원을 받을 수 있고
하나님 아버지께 갈 수 있다는 뜻입니다.

"너희가 내 이름으로 무엇을 구하든지 내가 행하리니
이는 아버지께서
아들로 인하여 영광을 받으시게 하려 함이니라
너희가 나를 사랑하면 나의 계명을 지키리라(요 14:13~15)"

예수님을 사랑하는 자는 예수님의 계명을 지키므로,
즉 예수님 뜻 안에 있으므로
무엇을 하거나 구하여도
행하시겠다는 의미가 있습니다.
그러니 말이나 일이나 다 주 예수의 이름으로 하고
하나님께 감사하라 합니다.

빌립이 여호와 하나님 아버지를 자신들에게 보여 주라고 하자
"나를 본 자는 아버지를 보았거늘
어찌하여 아버지를 보이라 하느냐(요 14:9)"

"내가 아버지 안에 거하고
아버지는 내 안에 계신 것을 믿지 않느냐(요 14:10)" 하시면서
예수님이 제자들에게 이르시는 말씀은
아버지께서 예수님 안에서 하시는 일이라고 말씀합니다.

3. 주(예수님)는 그리스도시요, 살아 계신 하나님의 아들

예수님이 제자들에게 자신을 누구라 하는지를 물으시니
시몬 베드로가
주는 그리스도시요, 살아 계신 하나님의 아들이라고 대답합니다.
"네가 복이 있도다
이것을 알게 하신 이는 혈육(피와 살이 있는 몸, 사람)이 아니요,
하늘에 계신 내 아버지(신이시며 영이신 하나님)시니라(마
16:10~16)" 하십니다.

이 말씀은 예수님을 보내신 분은
피와 살을 가진 사람이 아니라
하늘의 하나님이시며
예수님은 메시아라는 뜻입니다.

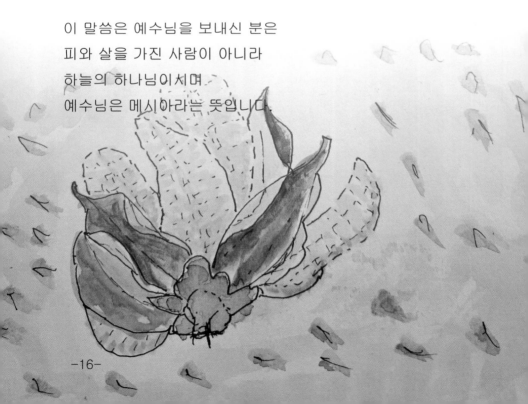

열두 제자 중의 한 사람인 시몬에게
반석이라는 뜻을 가진
헬라어의 베드로라는 이름을 지어 주십니다.
예수님은 그 반석 위에 교회를 세울 것이며
음부(지옥, 땅)의 권세가 이기지 못하리라고 합니다.

음부는 사탄이나 지옥, 무저갱의 뜻으로
죄와 관계가 있습니다.
예수님은 천국의 열쇠를 베드로에게, 즉
반석 위의 교회에 주실 것이며
땅에서 무엇이든 매면 하늘에서도 매일 것이요
땅에서 풀면 하늘에서도 풀리리라고 하십니다.

이 말씀은 사람이 하나님과 동행하기 위하여
기도해야 한다는 뜻이라 합니다.

예수 그리스도께서는
장로들과 대제사장들과 서기관들에게
고난을 받고 죽임을 당하고
제삼일에 살아나실 것을 말씀하십니다.

누구든지 제 목숨을 구원하고자 하면
잃을 것이요 예수님을 위하여
제 목숨을 잃으면 찾으리라 하십니다.

예수님이 아버지의 영광으로
그 천사들과 함께 오실 그때에
각 사람이 행한 대로 갚으신다 합니다.

4. 우리가 서로 사랑하자

예수 그리스도께서 육체로 오신 것을
시인하는 영마다
하나님께 속한 것이요
시인하지 아니하는 영은 적그리스도의 영으로
하나님께 속한 것이 아닙니다.

거짓말하는 자는
예수께서 그리스도이심을 부인하는 자이며
아버지와 아들을 부인하는 그가 적그리스도라 합니다.

서로 사랑하자
사랑하는 자마다 하나님으로부터 나서
하나님을 알고
사랑하지 않는 자는
하나님을 알지 못하나니
아는 하나님은 사랑이시기 때문입니다.

하나님은 우리를 사랑하사
자신의 아들을
화목하게 하는 제물로 세상에 보내셨으니
우리도 이와 같이 서로 사랑함이 당연하다 하십니다.

하나님을 본 사람이 없으되
서로 사랑하면 하나님이 우리 안에 거하시며
예수님이 하나님의 아들이라 시인하면
하나님이 그의 안에
그도 하나님 안에 거하신다 합니다.

사랑 안에는 두려움이 없고
온전한 사랑은 두려움을 내쫓습니다.
우리가 하나님을 사랑함은
하나님이 먼저 우리를 사랑하셨기 때문입니다.
누구든지 하나님을 사랑하노라 하는 자는
자신의 형제 또한 사랑하라 하십니다.

5. 갈등은 사탄에게 기회를 주는 것

-갈등이 생기지 않도록 예수님 안에서 가장 좋은 것을 취하라-

창세기 3장에서처럼
사탄은 여전히 사람에게 선악과를 따게 하면서
먹지도 만지지도 말라고 하신 하나님의 말씀을 거역하면서
오직 하나님같이 되는 일에
사람을 끌어들이고,
죄를 씌워 하나님과 멀어지게 하려 합니다.

그리스도 예수의 사람들은
성령의 열매, 즉 사랑하며 즐거워하며, 화평하며 오래 참으며
온유하며 충성하며 절제하며
정욕과 탐심을 십자가에 못 박아야 하는 것은
죄가 될 수도 있기 때문이라 합니다.

만약 죄가 된다면
예수님의 십자가에 놓고
사람과 분리시켜서 털어 버리고
하나님의 평강과 긍휼을 지키라 합니다.

사탄은 화를 낼 때를 기회라 보고
사람에게 들어간다 합니다.

또는 건강한 사람을 환자로 만들어
그 환자의 주위를 살피며 시험에 들게 하거나
보호자의 성실함을 가지고 저울질해서
가족 간의 갈등을 만들어
자신이 원하는 방향으로 끌고 가기도 합니다.

가장 좋은 것을 선택하되
항상 예수님 안에서 평안을 선택하라 하십니다.

6. 그리스도께서 너희를 사랑한 것같이 너희도 사랑 가운데서 행하라

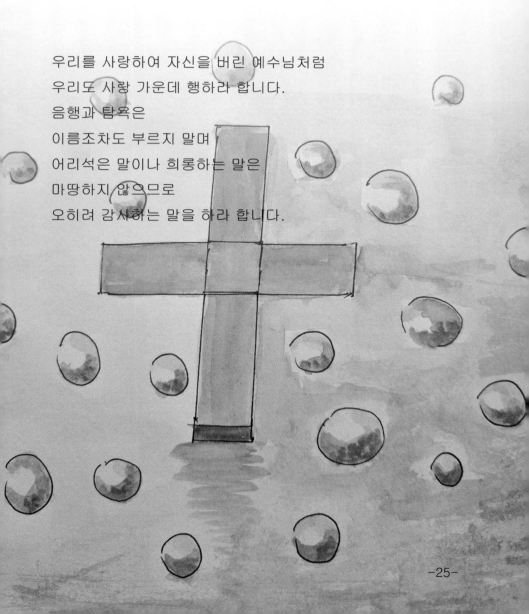

우리를 사랑하여 자신을 버린 예수님처럼
우리도 사랑 가운데 행하라 합니다.
음행과 탐욕은
이름조차도 부르지 말며
어리석은 말이나 희롱하는 말은
마땅하지 않으므로
오히려 감사하는 말을 하라 합니다.

남의 것을 탐하는 자나
우상숭배를 하는 자는
그리스도와 함께 하나님 나라에서 기업을 얻지 못하리니
이런 불순종의 사람들과는 함께하지 말며
빛이신 그리스도 안에서
우리도 빛이므로
빛의 자녀처럼 행하라 하십니다.

빛의 열매는 착함과 의로움과 진실함이므로
열매 없는 어둠의 일에 참여하지 말고
술 취하지 말고

시와 찬송과 신령한 노래로 서로 화답하고
범사에 우리 주 예수 그리스도 이름으로
항상 아버지 하나님께 감사하며
그리스도를 경외함같이
서로 복종하라 하십니다.

남편은 아내를, 아내는 남편을
서로 사랑하라 하십니다.
누구든지 자기 육체를 미워하지 말고
잘 기르고 보호하기를
그리스도께서 교회에게 함과 같이 해야 하는 것은
그리스도가 바로 우리 몸의 구주이시기 때문입니다.

7. 예수님 안에서 부모를 공경하라

예수님 안에서 각자 자신의 부모님에게
순종하는 것이 옳으며,
부모를 공경하면 잘되고
땅에서 장수하리라고 합니다.

부모님들에게는 성실하고 기쁜 마음으로
하나님의 뜻을 행하며
자녀를 노엽게 하지 말고
오직 주의 교훈과 훈계로 양육하며.
윗사람들과 아랫사람들에게는
겸손함으로 대하라 합니다.

아랫사람들에게
주를 두려워하는
성실한 마음으로 주께 하듯 하여
육신의 윗사람들과의 질서를 존중하며,

윗사람은 무슨 일을 하든
의와 공평을 아랫사람에게 베풀라 하십니다.

외모로 사람을 취하지 않는 하나님이
하늘에 계셔서
각각 사람의 일을 돌보시며
이 세대 가운데서
하나님의 흠 없는 자녀로
세상의 빛들로
살아가기를 원하십니다.

8. 하늘 문을 열고 쌓을 곳이 없도록 부으시는 십일조와 봉헌물

창세기에서 말씀하신 대로
세상은 하나님께서 만드셨습니다.
따라서 모든 것은 하나님 여호와의 것입니다.
자연을 통해 은혜를 주셔서
사람이 살기에 부족함이 없도록 하시는
일반 은총을 통해 축복하십니다.

말라기 3장 8~10절 말씀에
십일조와 봉헌물을 하나님께 드리라고 합니다.
온전한 십일조를 하나님의 창고에 들여
양식이 있게 하여,
그것으로 하나님이 하늘 문을 열고
쌓을 곳이 없도록 붓지 아니하나 보라 하십니다.

십일조는 땅의 소산으로 얻은 것이나,
일하고 받은 월급의 십분의 일을 말합니다.
우리가 얻은 것을
모두 드리라고 하는 것은 아닙니다.
아홉은 가정과 이웃과 사회를 위하여 사용하라 하십니다.
하나님 안에서 우리는 모두 형제이기 때문입니다.

하나님이 교회와 목사님을 사람들 사이에 세우신 것은
구원받은 사람을 지키며 보호하다가
천국 갈 때 예수님께로 올려 드리기 위함이라 합니다.

목사님은 하나님의 뜻을 사람들에게 전달하는
구약의 선지자와 비슷합니다.
그 목사님과 교회의 운영을 위하여
세상에서 사용하는 물질도 필요합니다.
예수님은 일꾼이 그 삯을 받는 것은 마땅하다 하십니다.

예수님이 잡히시던 날에
"나는 아니다"라고
제자임을 세 번 부인한 베드로에게
부활하신 예수님이
"나를 사랑하느냐"
"내 양을 먹이라"라고 세 번 묻고
"나를 따르라" 말씀하시면서
목사의 직분을 주십니다.(요 21:15~23)

하나님이 목사님을 세우실 때
그분의 영혼의 강건함과 믿음과
마음의 중심을 보시며,
사람의 본성이나 인격도 중요하지만

배우고 아는 만큼
열매를 얻도록 인도하시므로
정상적인 삶이나 교육과정도 존중하는
방법을 취하신다고 합니다.

9. 해가 지도록 분을 품지 말라

항상 옳은 일을 항상 옳은 방법으로 하라 하십니다.
우리가 서로 몸의 일부분처럼 지체가 되므로
이웃과 더불어 참된 것을 말하고,

화를 내어도 죄를 짓지 말며
해가 지도록 분을 품지 말고
마귀에게 틈을 주지 말라 하십니다.

가난한 자를 구제할 수 있도록
선한 일을 하고
덕을 세우는 데 필요한 선한 말을 하여
은혜를 끼치고
하나님의 성령을
근심하게 하지 말아야 합니다.
이런 말씀 안에서
구원의 날까지 지키십니다.

교회 공동체 안에서 수고하고
주 안에서 성도들을 인도하며
권하는 자들을 귀하게 여기며

모든 화냄과 떠드는 것을 버리고
서로 친절하게 불쌍히 여기며 용서하기를
하나님이 그리스도 안에서
우리를 용서함과 같이 하라 하십니다.

사랑 안에서 서로 화목하고
모든 사람에게 오래 참으며
항상 선을 따르고
항상 기뻐하며
쉬지 말고 기도하고
범사에 감사하라.

성령을 소멸하지 말며
예언을 멸시하지 말고
범사에 헤아려 좋은 것을 취하고
악은 어떤 모양이라도 버리라.
평강의 하나님이 너희의 온 영과 혼과 몸이
우리 주 예수 그리스도께서 강림하실 때까지
흠 없이 보전되기를 원하노라.

예수님이 재림하셔서 공중에서 나팔 불며
죽은 자와 산 자를 들어 올릴 때까지
믿는 자들의 영과 혼과 몸이
흠 없이 건강하기를 원하십니다.

10. 가이사의 것은 가이사에게 하나님의 것은 하나님께

바리새인들이 예수님을 말의 올무에 걸리게 하려고
가이사에게 세금을 바치는 것이 옳은지 묻습니다.
예수님께서 자신을 시험하려는 것을 아시고
세금 낼 돈을 보이라 하십니다.

그 돈을 보시고
이 형상의 글이 누구의 것인지 물으시니
가이사의 것이라고 대답합니다.
이에 예수님은 가이사의 것은 가이사에게
하나님의 것은 하나님께 바치라고 말씀합니다.

세상 것은 세상 법과 윤리에 따르고
하나님에게서 받은 것은
하나님께 돌려드려야 한다는 것입니다.

하나님께 받은 것 중에
말씀에 대한 확신과 소망은
하나님의 뜻에 따라
교회 공동체 안에서
말씀과 예배와 찬양과 기도로 올려 드리고

하나님께 받은 은혜와
구원에 대한 믿음으로 받은 것과 은사는
세상에 살면서
하나님을 떠난 생명을
전도로 찾아서
교회에서 하나님의 뜻에 맞게
사랑으로 서로 교제하다가
천국에서 찾으실 때
하나님의 것이므로 하나님께 올려 드려야 합니다.

11. 주 예수를 믿으라, 너와 네 집이 구원을 받으리라 (행 16:31)

예수님이 하늘로 올라가신 후
오순절에 마가의 다락방에
성령이 임하면서 모인 사람들이 성령의 충만함을 받고
성령이 말하게 하심을 따라
각각 다른 언어로 말하게 됩니다.

이것은 예수님께서 승천하시면서 보내시겠다고 하신
누가복음의(24:49) 위로부터의 능력이며
사도행전(행 1:5, 행 2:1~11)의 성령세례입니다.

예수님이 부활하시고 승천하신 후
베드로가 열한 명의 사도와 함께 서서
전도하면서
구약의 선지자 요엘을 통하여 하셨던 하나님의 말씀을 전합니다.
"말세에 내가 내 영을 모든 육체에 부어 주리니
너희 자녀들은 예언할 것이요
젊은이들은 환상을 보고
늙은이들은 꿈을 꾸리라
누구든지 주의 이름을 부르는 자는 구원을 받으리라(행 2:14~42)"

또한 하나님께서 나사렛 예수로
큰 권능과 기사와 표적을
사람들 가운데 베푸셔서
구약에서 예언하신 메시아임을 증언하셨습니다.

메시아인 예수님을
하나님은 계획하신 뜻대로
사람들의 구원을 위해 내주셨지만,
이스라엘 사람들은
법 없는 자들(로마 사람)의 손에 넘겨주어
십자가에 매달았습니다.
하지만 사망에 매여 있을 수 없으므로
사망의 고통에서 살리셨습니다.

이 그리스도의 부활은
그가 음부에 버림이 되지 않고
그의 육신이 썩음을 당하지 않게 하셔서
주와 그리스도(메시아)가 되게 하신 것입니다.

베드로가 구원받는 과정에 대해 말합니다.
먼저 회개하고
각각 예수 그리스도의 이름으로 세례를 받아
죄 사함을 받으면
성령을 선물로 받아
구원을 받고 하나님을 찬미하게 됩니다.

12. 주 예수여, 내 영혼을 받으시옵소서

마가의 다락방에 성령이 임하면서
사람들이 기뻐하고 하나님 말씀이 왕성하니
예루살렘에 있는 제자의 수가 많아지고
많은 제사장이 이 복음에 복종합니다.

성령과 지혜가 충만한 스데반이
"성령을 거스르며 의인이신 예수님을
잡아서 처형한 것은 살인~(행 7:52)"
이라고 공회의 대제사장과 사람들에게 말합니다.
그들이 양심에 찔려 스데반을 돌로 치니 그가
"주 예수여 내 영혼을 받으시옵소서~(행 7:59)"
라고 크게 부르짖으며 쓰러집니다.

이 기도는 예수님께서 십자가에서 돌아가실 때
"아버지 내 영혼을 아버지 손에 부탁하나이다~(눅 23:46)"
따라서 하신 기도로
사망 후에 사람의 영혼들을 사고파는
땅의 상인들에게 끌려가지 않도록 하시는
예수님의 구원이라 합니다.(계 18:8~13)

스데반이 죽는 것을 당연하게 여긴
바리새파 유대인 사울(로마 시민권을 가진 율법주의자)이
교회를 잔멸하려고 각 집에 들어가
남녀를 끌어다가 옥에 넘깁니다.

그가 예수님의 말씀을 따르는 사람을
결박하여 예루살렘으로 잡아 오려고

다메섹으로 가기 전에
예수님 믿는 자를 잡는 것이 합당하다는 공문서를
회당에 청하여
사람을 결박할 권한을 대제사장에게 받습니다.

사울이 길을 갈 때
하늘로부터 빛이 그를 둘러 비추므로
엎드러져서 들으니
"나는 네가 박해하는 예수다(행 9:5)"라고 합니다.

사울이 땅에서 일어나 눈은 떴으나
보지 못하여
사람의 손에 끌려 다메섹 유다 집으로 들어가서
사흘 동안 보지도 먹지도 마시지도 아니하고 기도합니다.

주 예수 그리스도께서 아나니아를 불러
"이 사람은 내 이름을 이방인들과 임금들과
이스라엘 자손들에게 전하기 위하여
택한 나의 그릇이라(행 9:15)"고 말씀하시며
사울에게 보내어 안수하게 합니다.

사울이 즉시 눈에서 비늘 같은 것이 벗겨져 다시 보게 되자
세례를 받고 음식으로 강건하여집니다.

다메섹에서 예수님의 제자들과 함께하면서
예수를 그리스도라 증언하자
예수님을 메시아라고 인정하지 않던 유대인들이 당혹해하며
사울을 죽이려고 공모하니
제자들이 밤에 사울을 광주리에 담아
성벽에서 달아 내려 주어 예루살렘으로 가게 합니다.
그곳에서 제자들을 사귀고
예수님의 이름으로 담대히 말하며 예수님을 변론하나
유대인들이 싫어하므로 고향인 다소로 가게 됩니다.

이 사람이 신약성서 27권 중 13권을 써서
당시 교회를 강건케 하고 이방 선교의 토대를 닦은
길리기아 다소 사람 정통 바리새파 사도 바울입니다.
그는 당대 최고 학자인 가말리엘의 문하생
(스승 밑에서 배우는 제자)으로
율법의 엄한 교육을 받은 엘리트였습니다.

13. 나사렛 예수 그리스도의 이름으로 일어나 걸으라

예수님의 제자 베드로가 기도 시간에
성전에 올라갈 때
나면서부터 못 걷게 된 자를 사람들이 메고 와서
미문이라는 성전 문에 두니
그가 성전에 들어가는 베드로를 보고 구걸합니다.

베드로가 그 사람을 보면서 기도합니다.
"은과 금은 내게 없거니와
내게 있는 것을 네게 주노니
나사렛 예수 그리스도의 이름으로 일어나 걸으라(행 3:6)"
하고 오른손을 잡아 일으키니
발과 발목이 힘을 얻어
뛰기도 하고 걷기도 하면서
하나님을 찬송하며 성전으로 들어가니
사람들이 알아보고 놀랍니다

모든 백성이 크게 놀라 달려 나가
솔로몬 행각에 모이므로 베드로가 설교합니다.
"이것은 개인의 경건이나 권능으로 된 것이 아니라
하나님이 죽은 자 가운데서 살리신
예수 그리스도의 이름을 믿음으로,
그 이름이,
나면서부터 못 걷게 된 이 사람을
완전히 낫게 하였느니라(행 3:16)"

이스라엘 사람들이 예수 그리스도를 믿지 않으므로
그를 고난받게 했지만
하나님께서 권세를 주어 이와 같이 이루셨으므로
그들은 회개하고 돌이켜
죄 없이 함을 받으라고 말합니다.

또한 모세가 말한 선지자, 즉
예수 그리스도의 모든 말을 들으면
하나님이 언약의 자손 아브라함에게 주시겠다고 하신
복을 받으리라고 합니다.

예수 안에 죽은 자의 부활이 없다는
제사장들과 성전 맡은 자와 사두개인들이
예수 안에 죽은 자의 부활이 있음을
전하는 것을 싫어하여
무슨 권세와 누구의 이름으로 이 일을 행하는지 묻습니다.

병자의 치료와 구원에 대하여
"너희 모든 이스라엘 백성들은 알라
너희가 십자가에 못 박고 하나님이 죽은 자 가운데서 살리신
나사렛 예수 그리스도의 이름으로
이 사람이 건강하게 되어 너희 앞에 섰느니라(행 4:10)"라고 대답하며
다른 이로써는 구원받을 수 없고
천하 모든 사람 중에 구원을 받을 만한
다른 이름을 우리에게 주신 일이 없다고 말합니다.

병 나은 자의 표적을 부인할 수 없으므로
이후로는 예수의 이름으로 말하지도 말고
가르치지도 말라고 하지만
베드로가 하나님 앞에서 너희의 말이 옳은가를 판단하라 말하고
사람들은 하나님께 영광을 돌리니
그들이 처벌할 방법을 찾지 못하고 놓아줍니다.

14. 항상 살아 계셔서 우리에게 합당한 대제사장 예수님

지극히 높으신 하나님의 제사장 멜기세덱을
아브라함이 만나 복을 빌고
노략물 중 십분의 일을
그에게 주었다고 합니다.

그는 의의 왕이요, 살렘 곧 평강의 왕으로
아버지도 없고 어머니나 족보도 없으며
시작한 날이나 생명의 끝도 없이
하나님의 아들과 닮아
항상 제사장으로 있다 합니다.

아브라함의 후손인 레위[계보 부록:
아브라함>이삭>야곱>레위(야곱의 셋째 아들)]의 아들들 가운데
제사장 직분을 받은 자는
백성에게서 십분의 일을 받으라는 명령을 받습니다(십일조).

레위는 원죄가 있는 아담의 후손으로
사망이 있는 자들이 십분의 일을 받은 것이나
(아담의 원죄로 시작된 사망 안에 있음)
생명의 끝이 없는 멜기세덱은
항상 살아 있다(生)는 증거를 얻은 자이므로
항상 제사장으로 있습니다.

레위 계통의 제사장 직분은
율법 안에서 약점을 가진 사람들을 제사장으로 세웠기 때문에
온전함을 얻을 수 없습니다.
제사장 되었어도 그들은 죽으므로
수효가 많아도 항상 살아있지 못합니다(死).

하지만 예수님은 하나님으로 말미암아
맹세로 온전하게 되신 아들을 세우신 것이며,
또 부활 승천하셨으므로,
영원히 살아 계셔서
그 제사장 직분도 바뀌지 않습니다.

그러므로 하나님께 나아가는 자들을
온전히 구원하실 수 있습니다.
거룩하고 악이 없고 더러움이 없고
죄인에게서 떠나 계시고
하늘보다 높이 되시면서
항상 살아 계시므로
이 대제사장이 우리에게 합당하다 합니다.

이 예수님은 십자가에서 죽은 몸으로
제사를 단 한 번에 드려졌으나,
부활하셨으므로
항상 살아 있는 제물로 십자가 앞에 있는 것과 같으므로
우리가 다시는 제사를 드리지 않습니다.

15. 사탄의 하나님같이 되기는 여호와께 반역입니다

여호와 하나님이
땅의 흙으로 사람을 지으시고
생기를 코에 불어 넣으시니
생령, 즉 생물(살아 있는 동물)이 됩니다.

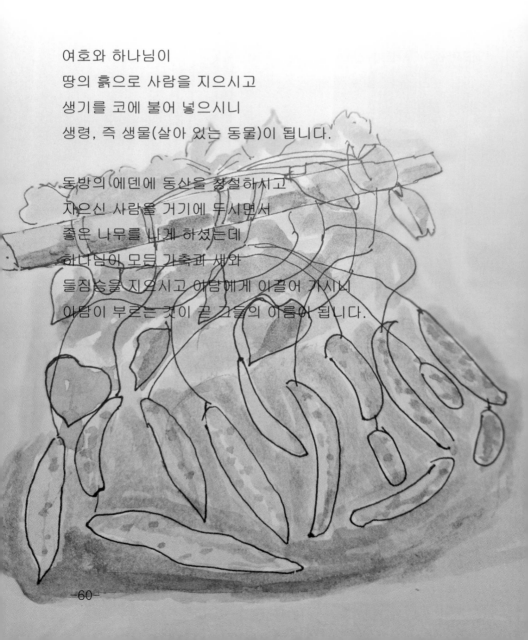

동방의 에덴에 동산을 창설하시고
지으신 사람을 거기에 두시면서
좋은 나무를 나게 하셨는데
하나님이 모든 가축과 새와
들짐승을 지으시고 아담에게 이끌어 가시니
아담이 부르는 것이 곧 그들의 이름이 됩니다.

그 가운데 생명나무와
선악을 알게 하는 나무도 있었습니다.
여호와 하나님이 그것을 경작하고 지키게 하시면서
동산의 각종 나무 열매는
네가 임의로 먹되
선악을 알게 하는 나무의 열매는 먹지 마라
먹는 날엔 네가 반드시 죽으리라 합니다.

사람이 혼자 사는 것이 좋지 아니하니
돕는 배필을 지으리라 하시고
아담을 잠들게 하시고
그의 갈빗대 하나를 취하여 살로 채워
여자를 만드셔서
아담에게 이끌어 오십니다.

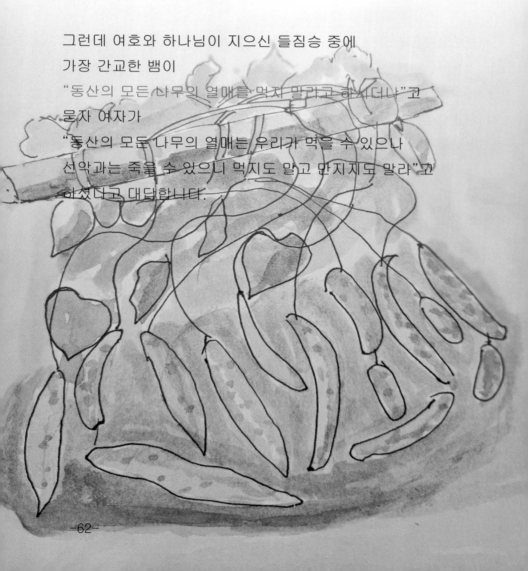

그리고 남자가 부모를 떠나
그의 아내와 합하여 한 몸을 이루도록 합니다.
두 사람이 벌거벗었지만
부끄러워하지 않습니다.

그런데 여호와 하나님이 지으신 들짐승 중에
가장 간교한 뱀이
"동산의 모든 나무의 열매를 먹지 말라고 하시더냐"고
묻자 여자가
"동산의 모든 나무의 열매는 우리가 먹을 수 있으나
선악과는 죽을 수 있으니 먹지도 말고 만지지도 말라"고
하셨다고 대답합니다.

"너희가 결코 죽지 아니하리라
너희가 선악과를 먹는 날에는
너희 눈이 밝아져서
하나님과 같이 되어
선악을 알 줄을 하나님이 아시기 때문이다"라고
뱀이 여자를 꼬드기자
나무 열매가 먹음직도 하고 탐스럽기도 하여
따 먹고
남편에게도 주어 둘 다 먹게 됩니다.

"내가 네게 명한 그 나무 열매를 먹었느냐"
고 하나님이 물으시니 아담이
"하나님이 주신 그 여자가 주므로 먹었나이다"
그 여자에게 물으시니
"뱀이 꼬드기므로 내가 먹었나이다"

뱀에게 이르시되
"네가 이렇게 했으니 모든 가축과 들짐승보다
더 저주를 받아 배로 다니고
살아 있는 동안 흙을 먹고
여자와 여자의 후손과 원수가 되어
네 머리를 상하게 되리라"고 말씀합니다.

"여자에게는 임신하는 고통을 더하고
수고하고 자식을 낳을 것이며,
아담에게는 아내의 말을 듣고
하나님의 말을 어겼으니

땅이 너로 말미암아 저주를 받고
가시덤불과 엉겅퀴를 내고
먹을 것은 밭의 채소인, 즉
흙으로 돌아갈 때까지 땀을 흘리며
네 평생에 수고하여야 그 소산을 먹으리라
그리고 흙에서 나왔으니
흙으로 돌아가리라"고 말씀합니다.

이것은 땅을 기는 뱀이
사람을 하나님과 멀어지게 한 뒤
땅을 일구게 하고
사람 가까이 가서
하나님의 것, 아담과 하와를 빼앗으려는
사탄의 도둑질이고 간교한 거짓의 불순종입니다.

피조물은 하나님의 능력을 가지고
아무리 노력해도 이미 피조물입니다.
아무도 하나님과 같이 될 수 없습니다.
하나님은 신이며 우리 사람이나 동물(뱀=사탄 포함)은
신에게서 만들어진 피조물일 뿐입니다.

하나님과 같이 되기를 바라는
뱀의 꼬드김과 불순종은 악이며,
이 악이 영생하면 위험하므로
그룹들과 불 칼을 두어
생명나무의 길을 지키게 하십니다.

하나님 흉내를 내며 혀로 거짓말하여
사람을 꼬드겨 마음을 바꾸게 하는
거짓의 아비
사탄, 즉 성경의 뱀을
우리의 기도에서 분별하고 대적하라 하십니다.

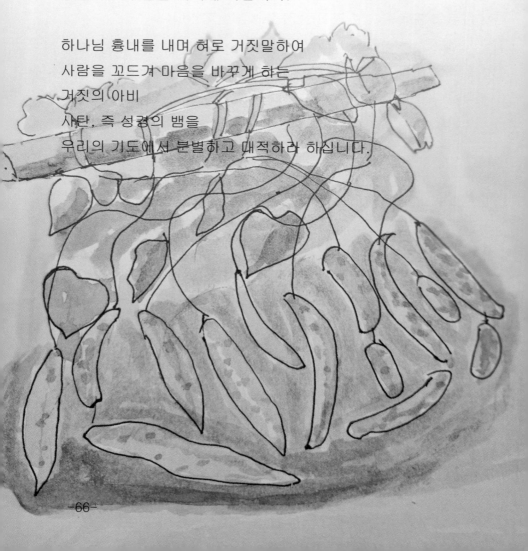

창세기 3장의 아담을 꼬드긴 뱀의
'하나님 같이 되기'는
하나님의 것을 인정하지 않고
아버지라고도 인정하지 않는
불법과 불순종과 불효입니다.
알곡을 생각하고 가라지를 뽑지 않는
하나님에 대한 반역입니다.
결국은 이 옛 뱀 곧 사탄이요, 마귀를
하늘에서 불이 내려와 태운다고 합니다.

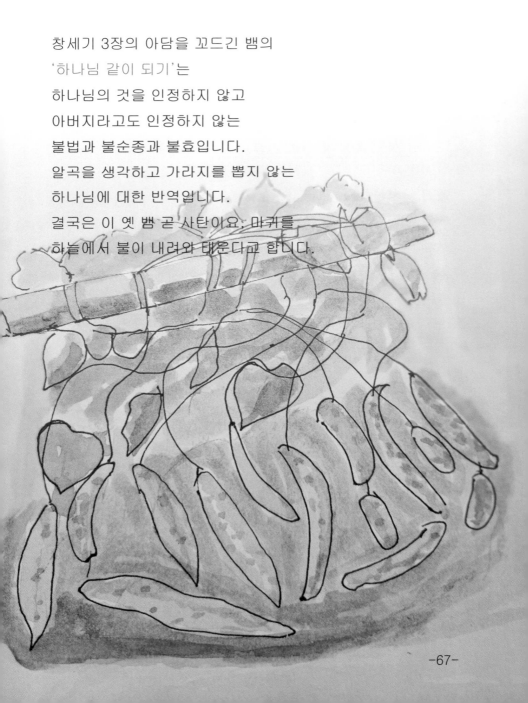

16. 하나님은 아무도 직접 시험하지 아니하시느니라

사람이 시험을 받을 때에
하나님께 시험을 받는다 하지 말라고 하십니다.
하나님은 아무도 직접 시험하지 않으시고
악에게 시험을 받지도 아니하신다 합니다.

각 사람이 시험을 받는 것은
자기 욕심에 끌려 미혹된 것이며
미혹된 욕심이 잉태되면 죄를 낳고
죄가 장성하면 사망을 낳느니라고 성경은 말씀합니다.

즉, 욕심이 잉태되어 죄가 되면
죄는 욕심이 낳는 것이므로
(하와가 선악과를 보고 먹음직, 보암직해서
먹어 보고 싶은 것이 욕심이며
안 먹어도 되는 것을
이 욕심이 먹게 함으로써 죄가 되었음)

하나님께 시험받는다 하기 전에
욕심인지 아닌지 분별하라 합니다.

만일 형제가 죄를 범하면
그 상대에게 권고하거나
한두 사람을 더 데리고 가서 권고하되
듣지 않으면 교회에 말하라 합니다.

또한 두세 사람이 예수님의 이름으로 모인 곳에는
예수님도 그들 중에 계시므로
합심하여 무엇이든 구하면
하늘의 하나님이 그들을 위하여
이루어지게 하신다 합니다.

17. 사람마다 듣기는 속히 하고 말하기와 화내기는 더디 하라

예수님의 제자이면서 동생인 야고보는
사람들에게 듣기는 속히 하고
말하거나 화내기는 더디 하라 합니다.
화를 내면 하나님의 뜻을 이루기 어렵기 때문입니다.

악을 버리고
우리의 영혼을 능히 구원할 수 있는
하나님 말씀을 온유함으로 받고
받은 말씀을 실천하는 자가 되면
그 행하는 일로 복을 받는다 합니다.

하나님 아버지 앞에서
정결한 경건은
고아와 그 과부를 그 환란 중에 돌보고
자기를 지켜
세속에 물들지 않게 합니다.

18. 최고의 법, 사랑을 택하고 사람을 차별하여 대하지 말라

가난한 사람과 부요한 사람을
차별하는 것은 악한 생각이라 합니다.
하나님은 세상에서
가난한 자도 택하셔서 믿음을 부요하게 하시고
하나님을 사랑하는 자들에게는
약속하신 나라를 상속으로 받게 하십니다.

가난한 자를 업신여긴 부자는
도리어 사람을 억압하여
법정으로 끌고 갈 수도 있는데,
소유에 대한 권리를 주장하기 위해
강한 법의 집행을 필요로 하기 때문이라 합니다.

모세가 하나님께 받은 율법, 즉 십계명입니다.
너는 나(여호와) 외에 다른 신을 두지 말라
안식일을 지키라
간음하지 말라
살인하지 말라
도둑질하지 말라
네 이웃에 대하여 거짓 증거하지 말고
네 이웃의 집을 탐내지 말라

성경에 기록된 대로
네 이웃 사랑하기를 네 몸과 같이 하여
하나님을 사랑하면
최고의 법을 지키는 것이요, 잘하는 것이니
십계명과 율법을 지키고
긍휼을 행하라 합니다.

19. 혀는 불이라, 화평으로 심어 의의 열매를 거두라

말에 실수가 없는 자를 온전한 사람이라 합니다.
혀는 몸의 작은 지체이지만
온몸을 태울 수도 있는 만큼 중요합니다.

여러 종류의 짐승과 새와 벌레와 바다 생물은
사람이 길들여 왔거니와
불이라고도 하는 혀는
능히 길들일 사람이 없는 쉬지 아니하는 악이요,
죽이는 독이 될 수 있으므로

이 혀로 아버지 하나님을 찬송하고
하나님 형상대로 지은 사람을 저주하는 것은
옳지 않다 합니다.

지혜와 총명이 있는 자는 선행과
지혜의 온유함으로 행함을 보이되
마음에 독한 시기와 다툼이 있으면
진리를 거스르는 말을 하지 말라 합니다.

이러한 지혜는 땅 위의 것이요,
정욕이나 귀신의 것이지만,

위로부터 내려온 지혜는 성결하고, 화평하고, 관용하고,
양순하고, 긍휼과 선한 열매가 가득하여
편견과 거짓이 없으며,
화평으로 심어 의의 열매를 거둔다 합니다.

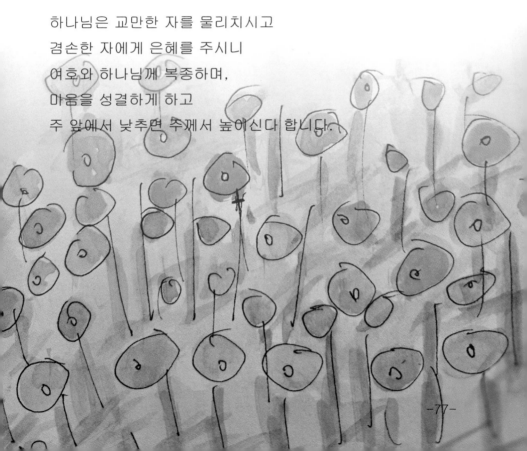

20. 겸손하여 주 앞에서 낮추라

싸움은 몸의 지체 중에서
싸우는 정욕에서 나는 것으로서
욕심을 내어도 취하지 못하기 때문이요,
구하여도 정욕으로 쓰려고
잘못 구하기 때문이라 합니다.

하나님은 교만한 자를 물리치시고
겸손한 자에게 은혜를 주시니
여호와 하나님께 복종하며,
마음을 성결하게 하고
주 앞에서 낮추면 주께서 높이신다 합니다.

이웃과 형제를 비방하거나 판단하면
율법을 받아 행하는 자가 아니라
율법의 재판관이 되는 것입니다.
입법자와 재판관은 구원하시기도 하고
멸하시기도 하는
오직 한 분 하나님뿐인데
너는 누구이길래 재판관의 자리에서 이웃을 판단하느냐 하십니다.

주께서 다시 강림하시기까지 인내와 기도로 참으라 하십니다.
농부가 귀한 열매를 바라고
이른 비와 늦은 비를 기다리듯이
형제들이 서로 원망하지 말고
주의 이름으로 살았던 선지자들의
고난과 오래 참음을 본으로 삼아

하늘로나 땅으로 아무 다른 것으로도
맹세하지 말고 그렇다고 생각하는 것은 "그렇다"
아니라고 생각하는 것은 "아니다"라고 하여
정죄를 면하라 하십니다.

"고난당하는 자는 기도하고
즐거워하는 자는 찬송하며
병든 자가 있으면 교회 장로를 청하여
예수님의 이름으로 기도할지어다.
믿음의 기도는 병든 자를 구원하리니
주께서 그를 일으키시리라
혹시 죄를 범하였을지라도 사하심을 받으리라.(약 5:14~15)"

의인의 기도는 역사하는 힘이 크므로
죄를 서로 고백하며 병 낫기를 위해
서로 기도하라 하십니다.

부록: 의인은 회개하고 구원받아
하나님의 뜻과 일치하는 모든 사람들이라 합니다.

뜻:\하나님을 진실하게 섬기며, 가정과 사회에서 화평하며 자
기 역할에 충실하게 사는 사람들

21. 루터의 종교개혁은 분열이 아니라 은혜의 다양성이며 독선의 견제일 수 있습니다

루터의 종교개혁이 여러 교단을 만들어서
교회의 분열을 가져왔다고 하기도 합니다.
그러나 여러 교단이 이단을 분별하는 창구가 되어
신실한 교회를 지키고
서로 진리를 추구하므로
성도들은 서로 믿고
바른 신앙생활을 할 수 있었던 것은 아닐까요?

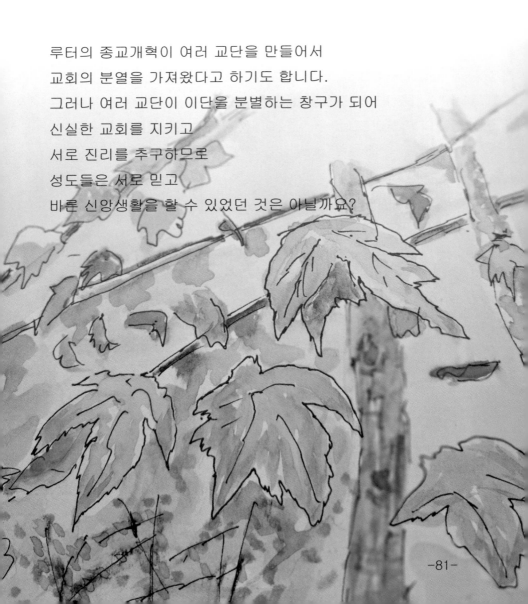

여러 종류의 마트가 각기 다른 장소에 있어서
개인이나 단체의 가격경쟁과 안정을 유도하여
물가가 안정되기도 하는 것처럼.

루터가 95개조 반박문을 내면서
개신교가 만들어졌는데
이 때문에 가톨릭교회도 개혁을 하면서
문제의 일부라고 보는 것들을 개선했다고 합니다.

개신교의 부흥이
기독교의 여러 교단을 만들었을 수 있지만
이것은 교단의 많음의 문제가 아니라
다소 유동적인 방법의 예배와
각 개인의 성령 체험의 결과일 수 있다고 합니다.

중세 로마 가톨릭교회가
사도들이 전도했던 지역의 교회들도
인정하지 않았던 것에 비해
개신교의 교단들은
로마 가톨릭교회 같은 독단적인 신앙, 즉
로마교회만 구원이 있다고 하는,
염려되는 흐름을 견제하면서
건전한 교회를 지켜 온 것이 아닐까 생각해 봅니다.

22. 교회는 사랑의 공동체입니다

교회는 예수님의 피로 세워진 사랑의 공동체입니다.
사람을 사랑하셔서
하나님이 사람으로 태어나셔서
사람의 죄를 대신 짊어지고
죄인 되어 돌아가실 때

"다 이루었다(요 19:30)"고 하신 것은
죄 속에 있는 사람을 구원하시려고
크고 한계가 없는 자신을
사람처럼 작고,
또 낮은 곳에 작은 모습으로 오셔서
오신 목적 구원을
이루셨다는 뜻입니다.

이 일을 이루시기 위해
고난을 받으시면서도
교회를 세우신 것은
교회에서 사랑과 이해와 섬김으로
서로가 실족하지 않도록
도와 가며 살다가
천국 가는 날에 만나기를 원하신 것입니다.

제가 신학교 입학하여 얼마 안 되었을 때
도서관에 책을 빌리러 갔습니다.
여러 권의 책들 사이에 끼어 잘 보이지도 않는
손바닥 절반만 한 《겸손》이라는 책이 눈에 띄었습니다.
그 한 권을 빌려서 정독하면서
마음에 새겨 가며 읽었습니다.

초등학교 때부터 책을 좋아해서
학교 수업 쉬는 시간에도 책을 읽은 것은
좋은 말을 외워서 내 몸의 살처럼
찌우고 싶었기 때문입니다.

책을 읽을수록
말을 신중하게 해야 한다고 생각했는데
신학교에서 처음 읽은 책이 겸손인 것은
하나님의 뜻도 있다고 생각합니다.

가능하면 말은 사실과 진실을 말하되
상대방을 즐겁게 할 수 있는 경우에 하려 노력했습니다.
지금도 거절당하지 않고 이해받으며 살아갈 수 있는 것은
사랑의 예수님을 체험하신 선배님들이
사랑과 은혜와 겸손으로 뿌려 놓은
시간들이 있었기 때문인 것 같습니다.

23. 전쟁은 여호와께 속한 것이므로 전쟁하면 도둑질하는 것입니다

하나님은 악과 같이 할 수 없어서
개인의 자유에 책임을 지고 살아가는
자유민주주의로 이끌어
악을 끊어 가시면서
사람들 사이에서 일하신다 합니다.

성경에 전쟁은 여호와께 속한 것이라 합니다.
그래서 전쟁을 하면 도둑질이 됩니다.
사람과 동물과 땅과 하늘을 오염시키거나 괴롭히는 것도
사람을 구원하시기 위해 십자가를 지신
하나님의 뜻이 아니며
사람을 죽이는 것도 하나님 아버지의 자녀인
내 형제의 생명을 끊는 것이므로
생명을 도둑질하는 것입니다.

노예나 서민들의 생명이나 소유가 보장되지 못하는
왕정 시대의 제도는
하나님의 뜻으로 보기가 어렵다고 합니다.
갈라디아서 4장 21~31절에서 아브라함의 아내 사라는
자유가 있는 여자로 약속의 자녀 이삭을 낳았고
그의 후손인 예수님도 약속의 자녀로 태어나
하나님의 뜻을 따랐습니다.

그러나 자유가 없는 아브라함의 여종 하갈은
약속이 아닌 육체를 따라 이스마엘을 낳아
유업을 잇지 못하므로 갈등을 합니다.
하나님이 처음부터
약속의 자녀 이삭으로
후손을 이어 가게 하신 것은
일부일처제로의 가정을 유지하고 보호하려는 것으로 보입니다.

남자가 많고 여자가 부족하면
전쟁이 날 확률이 높다고 합니다.
각 가정을 지키고 보호하는 것이
여자를 보호하는 것이고
또 가정을 보호하는 것이 되고
하나님이 허락하신 소중한 생명을
근심하지 않게 하는 것입니다.

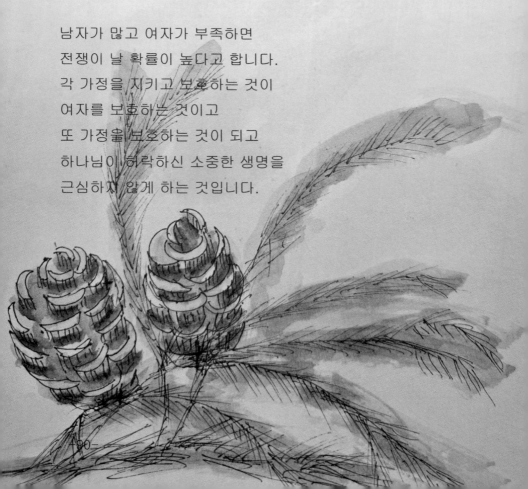

사랑에는 거짓이 없나니
악을 미워하고 선에 속하며
열심으로 주를 섬기고
소망 중에 즐거워하며
환란 중에 참으며
기도에 항상 힘쓰며
성도들의 쓸 것을 공급하며
손님 대접하기를 힘쓰라

너희를 박해하는 자를 축복하고 저주하지 말라
마음을 높은 데 두지 말고
도리어 낮은 데 처하며
스스로 지혜 있는 체하지 말라

아무에게도 악을 악으로 갚지 말고
모든 사람 앞에서 선을 도모하라
할 수 있거든 모든 사람과 화목하라

내 사랑하는 자들아
너희가 친히 원수를 갚지 말고
하나님의 진노하심에 맡기라
원수 갚는 것이 내게 있으니
내가 갚으리라고 주께서 말씀하십니다.

24. 십계명 열 번째 '네 이웃의 집을 탐내지 말라'
─사탄은 여호와나 사람의 소유를 인정하지 않습니다─

악은 독재나 살인이나 전쟁, 빙하기같이
하나님이 만드신 세상과 사람과 땅과 모든 것을
훼손하는 것을 말한다고 합니다.
훼손하는 자는 남의 것, 즉 생명이나 소유를 인정하지 않는 자입니다.

선은 하나님이 뜻하신 것을 보전하는 것으로
사람이 존중받으며 살도록 하는 것이며
그 선이 가장 잘 지켜지는 체제가 민주주의라고 합니다.
민주주의 기본이 되는 시장경제는 소유를 인정해야만 가능합니다.

우리가 다른 사람의 인격과 소유를 인정하지 않는다면
우리들의 인격과 소유도 존중받지 못하여
누군가가
내 집을 삽으로 떠서
모래 위나 사탄의 얼굴 앞에 던질 수도 있습니다.

소유 개념이나 인격의 존중은
성경의 십계명 열 번째 '네 이웃의 집을 탐내지 말라'에도
언급되어 있는 보호입니다.

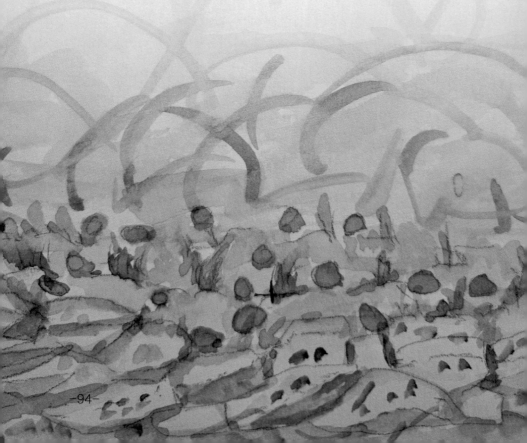

전쟁이 일어나서 모든 것이 사라져서
들판에 눕는다 해도
제일 먼저 해야 할 일은
법을 가르치는 교육이라 합니다.
여기에 예수님의 사랑의 법을 추가해야 합니다.

네 것은 네 것, 내 것은 내 것이라는
소유의 개념과
내 것과 남의 것을 구별해서 인정하는 것,
그리고 다른 사람이 싫어하는 일은 하지 말아야 하는 것은
법 없이 내 집이 세워질 수 없기 때문입니다.

기독교인 이해하기

25. 하나님을 아버지라 인정하지 않는 사탄
-하나님같이 변장한 사탄의 끼어듦-

우리가 생각하는 믿음은 온전하다 할지라도
하나님께서 보시기에는 부족할 수 있습니다.
하나님께서는 어떤 일에 대한 결과를
전체적으로 보시기 때문에
응답의 결과가 달라질 수 있습니다.

작용보다 부작용이 크거나
하나님의 계획에 옳지 않거나
우리의 기도가 우리만 유익이 되면 안 되므로
다른 사람과의 관계에서
적절한가를 생각하셔서 응답하시거나,
늦게 말씀하시거나
혹은 응답을 안 하시는 경우도 있다 합니다.

이럴 때 주의할 것은 사탄의 끼어듦입니다.
하나님의 사람들의 일과 기도와
생활의 틈새에 끼어들어 가
틈을 거실만큼 키워
그 안에서 주인 노릇을 할 수 있으므로
그들이 좋아하는 일은 안 해야 할 것입니다.

그들이 좋아하는 일, 즉 하고 싶어 하는 일은
'하나님같이 되어'
사람들에게 하나님처럼 보이게 하는 것이므로
옳지 않고 위험한 일일 수 있으며
선악과를 따게 하는 불순종이 될 수 있습니다.

사탄은 약해 보이는 하와를 꼬드기고
그 여자를 통하여 아담을 꼬드겨서
둘 다 죄를 짓게 한 것처럼
지금도 사람들을 꼬드겨 사람의 기도에 들어가
하나님 같은 존재로
보이기 위해 노력한다 합니다.

26. 사탄의 기독교인에게 응답하기와 가난하게 만들기: 물질

'하나님같이 되기' 위해 하나님 흉내를 내는 사탄은
성도들의 기도를 받아
때때로 응답하여 하나님의 사람을 고민하게 합니다.

헌금을 많이 하게 하거나
특이한 물건을 사도록 하거나
특정한 곳에 투자하게 하거나
혹은 집도 팔게 하기도 하고
가끔은 알 수 없는 곳에 가 보라고 할 수도 있습니다.

사람들은 사탄을 볼 수 없으므로
고민하다가
하나님의 말씀인 줄 믿고
결단하여 주위에 '선물' 같은 특별한 것을 보낼 수도 있습니다.
그리고는 은혜를 받았다고 하며 즐거워할 수도 있습니다.

믿지 않는 사람들의 가족 모임이 있을 때는
조상 흉내를 내면서
찾아가는 것도
사탄의 오래된 방법 중 하나라고 합니다.

이런 일을 계속하면서 교회에 들어가
교회를 분열시키고
갈등을 만들기 위해 노력합니다.
그 갈등 속에서
하나님의 사람의 가족을 분석하기도 합니다.

사탄은 일할 때
하나님의 사람의 것을 가지고
악한 자신들의 일을 하게 한 뒤
그 일을 꼬투리 삼아
오히려 죄를 지었다고 하며
하나님의 입장에서 야단치기도, 괴롭히기도 한다 합니다.
회개는 못 하게 합니다.

27. 여호와로 이름 바꾼 사탄의 기독교인 시험하기: 마음
-여호와 능력을 도둑질하는 사탄-

절제하지 못하고 화를 내면 사탄이 들어갈 수 있습니다.
그래서 예수님과 사도 바울은 항상 "평안하라(요 14:27)"고
어디를 가든지 말씀하십니다.

건강한 사람을 환자로 만들어
사탄이 들어가는 경우는
환자의 주위를 살피면서 그 환자의 보호자를
시험에 들게 하거나,
환자에 대한 성실함을 가지고 괴롭히면서
가족 간의 갈등을 일으키기도 합니다.

보호자가 신실하여
사탄에게 유익하지 못하면
떠나가기도 합니다만
더 큰 형님 사탄(그들의 조직)을 데려와서
삶의 방향을 달라지게도 합니다.

금이 간 벽에 이끼가 끼어
나중에는 빗물이 들어갈 수도 있듯이
사탄은 사람들의 사이에서
아주 작은 틈을 찾고 다닙니다.

하나님의 명령으로 욥을 시험한
사탄 마귀가 반역을 하여
하나님의 능력을 돌려드리지 않고
사람에게 하나님같이 응답하면서
하나님의 뜻을 벗어난 경우는
분별하기가 어렵다고 합니다.

일상생활에서 옳다고 인정하는
법 안에 살면서
마음에 예수님의 사랑의 법을 더하면
안전할 듯합니다.

28. 사탄은 창세기 3장의 가장 간교한 뱀으로 시작합니다: 분별

주기도문의 '우리를 시험에 들게 하지 마시옵고'를
항상 잊지 말라고 하십니다.
회개가 약하면 갈등이 쌓이고
갈등이 커지면 싸움이 됩니다.
개인에서 사회나 국가 간의 갈등으로 이어지면
전쟁이 될 수도 있습니다.

눈에 잘 안 보이는 작은 겨자씨 한 알이
기름진 흙을 만났을 때 큰 나무로 자라듯이
선이신 예수님을 만나면
예수님 안에서 살면서
세상에 있는 천국을 경험할 수 있습니다.

사탄은 거대하며
많은 종교를 가지고 있으며
여러 형태를 띠는 것 같습니다.
그러나 하나의 조직이며
그 우두머리는 창세기 3장 1절의
여호와 하나님이 지으신 들짐승 중에
가장 간교한 뱀이라고 합니다.

그 뱀의 악이 커져서
교회뿐만 아니라
나라의 중요한 곳에 들어가
아주 작은 판단만 바꾸어도
그것으로 위험해질 수도 있다 합니다.

사탄은 사람이 하는 일을
거의 다 할 수 있을지 모릅니다.
그래서 잘못되어 들판에 누우면
그 옆에 사탄도 누워 있을 가능성이 있습니다.

하나님이 사람을 회복시키기 위해 일으키실 때
사탄이 같이 따라오지 못하도록
항상 회개하고,
원죄를 해결해서, 사탄을 정리하고
사람과 화목하게 하시려고 오신
예수님의 뜻을 기억해야 합니다.

예수님이신 여호와 하나님은 세상 법과 윤리와 도덕에
교회의 법, 사랑의 법을 더하여 존중하라 하셨고
그 안에서 평안하게 살기를 바라시므로
특별한 응답이라고 생각되는 것은
평안과 성경을 말씀하시는 예수님의 뜻,
즉 성경적인지를 살펴봐야 합니다.

기도 응답이 세상 법과
윤리와 상식을 벗어나는 것 같으면
교회와 상의도 해 보고
우리 사회 안에서 배운 상식에 맞는 것을 취하면
실수가 거의 없다고 합니다.

하나님은 무질서의 하나님이 아니시요,
질서 안에서 화평의 하나님이십니다.

· 부록

〈예수님 이해하기〉

■ ■ ■

1. -10p 1~2문단 마 20:1~16
   -11p 1~2문단 마 20:1~19
       3문단 마 20:29~34

2. -12p 1~2 문단 요 14:1~4
   -13p 1문단 딤전 2:5~7
   -히 8:1~3, 6. 히 9:15. 히 12:24
   -15p 2문단 요 14:1~7
   -15p 2문단 골 3:17
   (말에나 일에나 다 주 예수의 이름으로 하고~)

3. -16p 1문단 마 16: 13~16
   -17p 1~2문단 마 16:18~19
   -18p 1문단 마 20:17~19
   -18p 2문단 마 16:25
   -18p 3문단 마 16:27

4. -19p 1~2문단 요일 2:18 ~25
   -19p 3문단 요일 4:7~8
   -20p 1문단 요일 4:10~11
   -20p 2문단 요일 4:12~16
   -21p   요일 4:18~21

5. -22p 1문단 갈 5:22~23

-23p 1~3문단 눅 10:5. 요 14:27

6. -25p 엡 5:1~5

    -26p 엡 5:5~8

    -27p 1문단 엡 5:8~18. 2문단 5:19~20

    -28p 엡 5:22~33

7. -29p 1~2 엡 6:1~4

    -30p 1 엡 5:1~9. 골 3:18~25, 4:1

    -31p 빌 2:14~15

8. -32p 창1

    -33p 1~2문단 말3:7~12

    -34p 2문단 눅 10:1~20.

9. -36p 1~3문단 엡 4:25~30

    -37p 1문단 데전 5:12. 2문단 엡 4:25~32

    -38p 1~3문단 데전 5:13~23

10. -39p 문단 마 22:15~19

     -40p 1문단 마 22:19~22

     -41p 1~2문단 마 28:18~20. 막 16:15~18.

     눅 24:46~49

11. -43p 행 16:31(주 예수를 믿으라~)

     -43p 1문단 행 2:13. 2문단 행 2:1~11

     -44p 1문단 행 2:14~42.

     -44p 2문단 행 2:22(기사와 표적으로 증언하심)

     -44p 눅 24:36~53(부활과 승천으로 구약에서 증언한 메시

아임을 증언함)

-44p 행 2:13~42(예수님이 썩음 당하지 않도록 하나님이 살리셔서 주와 그리스도가 되게 하시고, 예수 그리스도 이름으로 세례를 받고 죄사함으로 구원을 받게 하신 일에 증인이라고 베드로가 말함)

-45p 1~2문단 행 2:21~36

-46p 행 2:38~47

12. -47p 1문단 행 6:7

-47p 2문단 행 6:8~10(스데반). 7:51~60

-47p 3문단 계 18:8~13 (사람의 영혼을 사고 파는 땅의 상인들)

-48p 1문단 행 8:1~3. 2문단 행 9:1~2,14

-49p 1문단 행 9:3~6. 2문단 행 9:8~11(이방선교 바울)

-50p 1~2문단 행 9:10~19

-51p 1문단 행 9:20~30

-51p 2문단 행 5:34. 행 21:39. 행 22:3

13. -52p 1문단 행 3:1~4. 2문단 행 3:6~10.

-53p 2문단 행 3:17~19. 3문단 행 3:20~22, 23~26

-54p 1문단 행 4:1~7. 행 4:12

-55p 1문단 행 4:12~16. 2문단 행 4:15~21

14. -56p 1문단 히 7:1,4. 2문단 히 7:2~3

-57p 1문단 히 7:5. 2문단 히 7:8~10

-58p 1문단 히 7:19. 히 7:23~28. 2문단 히 7:11~28

-59p 1문단 히 7:25~26. 2문단 히 7:1~28

15. -60p 1문단 2:7. 2문단 2:8~9. 19

-61p 1문단 창 2:15~17. 2문단 창 2:18~22.

-62p 1문단 창 2:24~25. 2문단 창 3:1~3.

-63p 1문단 창 3:1~6. 2문단 행 3:11~13

-64p 1문단 창 3:14~15. 2~3문단 창3:16~19

-65p 1문단(사람을 하나님과 멀어지게 한 뒤: <창 4:16> 여호아 앞을 떠나서 에덴 동쪽 놋 땅에 거주~)

-66p 1문단 창 3:22~24.

2문단 요 8:44(그는 처음부터 살인한 자요 진리가 그 속에 없으므로 진리에 서지 못하고 거짓을 말할 때마다 자기 것으로 말하니 그가 거짓말쟁이요 거짓의 아비가 되었음이라). 약 4:7

3문단 (알곡: 곡식, 가라지: 필요 없는 풀). 계 20:7~10

16. -68 약 1:13 (하나님은 친히 아무도 시험하지 아니하시느니라).

-69~70p 약 1:12~18

17. -71p 1문단 약 1:19~20. 2문단 약 1:21~25

-72p 마 18:15~20. 64p 약 1:27(고아와 고부를 돌봄)

18. -73p 1문단 약 2:1~5. 2문단 약 2:6

-74p 1문단 출 20:1~17

-74p 2문단 약 2:8~9. 약 2:10~13.

출 20:1~17

19. -75p 1문단 약 3:1~7. 약 3:8~10
    -76p 1문단 약 3:13~15. 약 3:17~18

20. -77p 1문단 약 4:1~3. 2문단 약 4:6~10
    -78p 약 4:11~12
    -79p 1문단 약 5: 7~10. 2문단 약 5:12
    -80p 1문단 약 5:13~16.
    (의인은 회개하고 구원받아 하나님의 뜻과 일치하는 모든 사람들. 하나님을 진실하게 섬기고, 가정과 사회에서 화평하며 자기 역할에 충실한 사람들을 말한다 함.)

21. 종교개혁은 1517년 신학자 마르틴 루터가 가톨릭에 95개조 반박문을 발표한, 기독교내부의 대규모 개혁운동을 말한다.
    이 사건은 기독교와 세계사에 거대한 영향을 끼친 사건으로 평가되며, 이 시기를 기준으로 중세와 근대로 구분하기도 한다.
    종교개혁의 결과 가톨릭에서 분리된 교회를 통틀어 개신교라 한다.

22. -84p 2문단 요 19:30(다 이루었다: <엡 2:14> 예수 그리스도는 우리의 화평이시라 둘로 하나를 만드사 원수 된 것 곧 중간에 막힌 담을 허시고)
    막 15:37 (예수께서 ~숨지시니라 성소 휘장이 위로부터 아래까지 찢어져~: 죄로 하나님과 사람의 사이에 막혀 있던 것(휘장)이 찢어지면서 하나님과 다시 만날 수 있게 됨(믿

는 자는 기도, 예배, 찬양 등으로 ~)

벧전 1:6~9 (믿음의 결국, 곧 구원을 받음이라)

딤후 2:10 (~그리스도 예수 안에 있는 구원~)

23. -88p 삼상 17:47(전쟁은 여호와께 속한 것이니~)

　　 1문단 (하나님은 악과 같이 할 수 없어서: 시5:4악이 주와

　　 함께 머물지 못하며)

　　 -89~90p 갈 4:21~31

　　 -91p 1문단 롬 12:9~13. 2문단 롬 12:14~16

　　 -92p 1문단 롬 12:17~18. 2문단 12:19

24. -93p 2문단 출 20:17

〈기독교인 이해하기〉

■ ■ ■

25. -98p 1문단 창 3:5(하나님을 아버지라 인정하지 않는 사탄.)

27. -104p 1문단 요 14:27(평안하라~ 근심하지 말며 두려워하지 말라)

    -105p 1문단 욥 1:10~11 (사탄이 욥의 시험을 하나님께 허락받음)

    2문단 고전 16:14(예수님의 사랑의 법: 너희 모든 일을 사랑으로 행하라)

28. -107p 1문단 마 6:9~13(주기도문: 우리를 시험에 들게 마시옵고)

    2문단 마 17:20. 막 4:30~34(겨자씨 한 알이 내는 큰 가지)

    -110p 1문단 롬 13:8~10 (세상의 법과 윤리 도덕에 교회의 법 예수님의 사랑의 법을 더하라: 사랑은 이웃에게 악을 행하지 아니하므로 사랑은 율법의 완성이니라)

    3문단 고전 14:33(질서 안에서 화평의 하나님)

예수님 안에서 우리가 서로 사랑하자

1판 1쇄 발행 2024년 3월 22일

지은이 김연희

교정 주현강 **편집** 김해진 **마케팅·지원** 김혜지

펴낸곳 (주)하움출판사 **펴낸이** 문현광

이메일 haum1000@naver.com **홈페이지** haum.kr

블로그 blog.naver.com/haum1007 **인스타** @haum1007

ISBN 979-11-6440-542-8 (03230)